Illustrationen von
Giulia De Amicis

Die Welt der Bienen

Texte von
Cristina Banfi

WS Kids
WHITE STAR KIDS

Inhalt

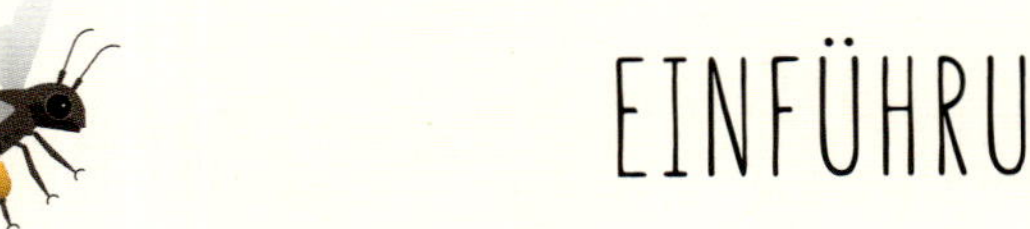

EINFÜHRUNG

WAS WEISST DU ÜBER BIENEN?

SICHER WEISST DU, WORAN MAN EINE BIENE ERKENNT. Du hast schon viele von ihnen gesehen, auf Blumen, in einem Buch oder im Fernsehen. Vielleicht in einem lustigen Cartoon. Ihre gelb-schwarze Zeichnung macht sie einzigartig, ebenso wie ihre Fähigkeit, schmerzhaft zuzustechen.

ABER EINE BIENE IST SO VIEL MEHR!

Dieses kleine Insekt führt ein Leben voller **FASZINIERENDER** Erfahrungen. Zum Beispiel lebt es in einem richtigen **KÖNIGREICH**, mit einer Königin die ihre Untertanen weise regiert.

WILLST DU IHRE AUSSERGEWÖHNLICHE KLEINE WELT KENNENLERNEN?

Dieses Buch nimmt dich mit auf eine **FANTASTISCHE REISE** direkt ins **INNERE EINES BIENENSTOCKS**. Hier kannst du das Bienenvolk genau beobachten. Jede einzelne Biene hat eine eigene Aufgabe, die sie gewissenhaft erfüllt.

WAS PASSIERT IN EINEM BIENENSTOCK?

Hier sind **ARBEITERINNEN**, die die **KÖNIGIN** bewachen und die die **JUNGEN LARVEN** füttern, während andere Bienen den süßen **HONIG** in den Waben verstauen.

Ein Großteil der Arbeit findet außerhalb des Bienenstocks statt. Die älteren und erfahreneren Sammelbienen stellen sich mutig den Gefahren draußen. Sie sammeln **BLÜTENPOLLEN** und **NEKTAR** und bringen sie in den Stock.

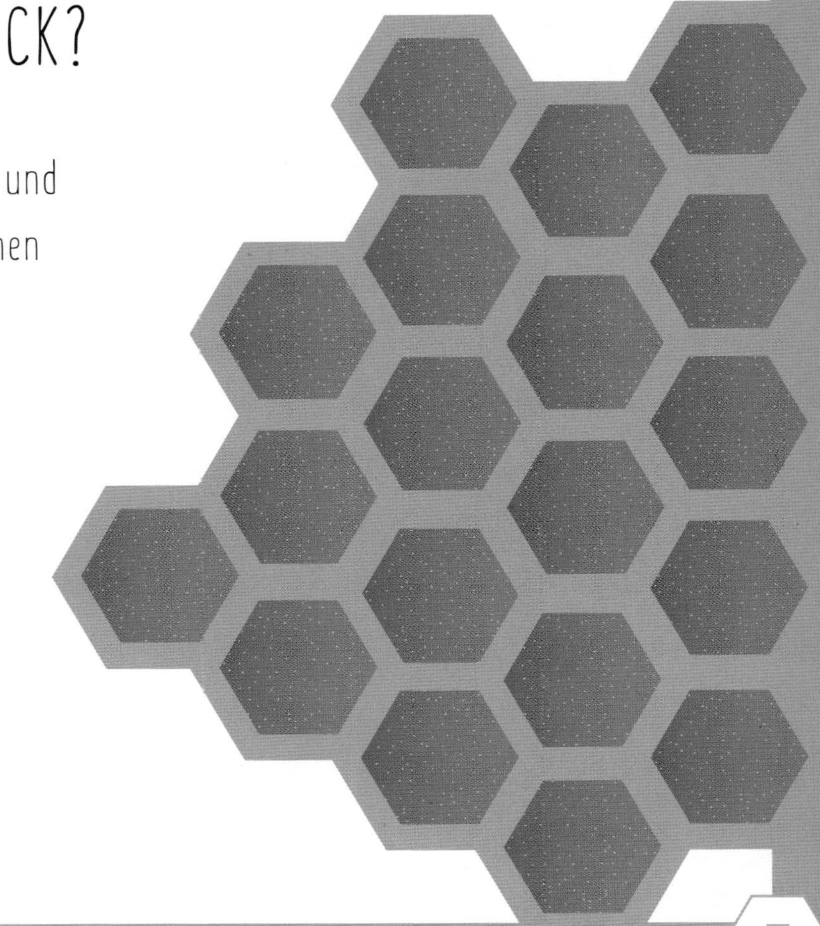

WIE SCHAFFEN SIE ES, SICH NIE ZU VERIRREN?

Bienen haben ihre ganz eigene Art, den Weg zu finden. Sie können nämlich **TANZEN**. Das machen sie nicht aus Spaß, sondern um sich zu verständigen. Durch rhythmische Bewegungen ihres Körpers „erklären" sie ihren Bienenfreunden, wie weit sie fliegen sollen und wo der nächste Baum voller Blüten steht.

WENN DU GENAU AUFPASST, KANNST DU IHRE SPRACHE LERNEN.

Aber du kannst auch eine **ZEITREISE** machen. Begib dich auf die Spuren der Bienen und entdecke, wie die Beziehung zwischen Bienen und Menschen einst begann. Die reicht zurück bis in die **STEINZEIT**. Sie beginnt damit, Tiere beim Genießen von Honig zu beobachten. Dann wurden zuerst die Stöcke der wilden Bienen geplündert. Später nutzte man diese geschäftigen Insekten, baute Bienenstöcke für sie und begann die **IMKEREI**.

Du erfährst auch, welche Gerichte die alten Griechen und Römer mit **HONIG** zubereiteten. Und wie Honig im **MITTELALTER** in die Heilkunde gelangte.

Wenn du die Bienen besser kennst, wirst du merken, dass sie **WERTVOLLE INSEKTEN** sind. Nicht nur wegen der guten Dinge, die wir von ihnen bekommen, sondern auch wegen der nützlichen Arbeit, die sie für den **GANZEN PLANETEN** verrichten. Ohne Bienen hätten wir keine leckeren Früchte wie Pfirsiche, Aprikosen, Blaubeeren oder Kirschen.

DENNOCH SIND DIESE KLEINEN FREUNDE HEUTE IN GEFAHR. WAS BEDROHT SIE?

In diesem Buch kannst du alles über Bienen erfahren – auch, wie du sie **SCHÜTZEN** und ihnen **HELFEN** kannst.
Zuallererst, indem du sie respektierst. Und dann, indem du zum Beispiel deinen **BALKON ODER GARTEN** nutzt.

VIEL SPASS BEIM LESEN!

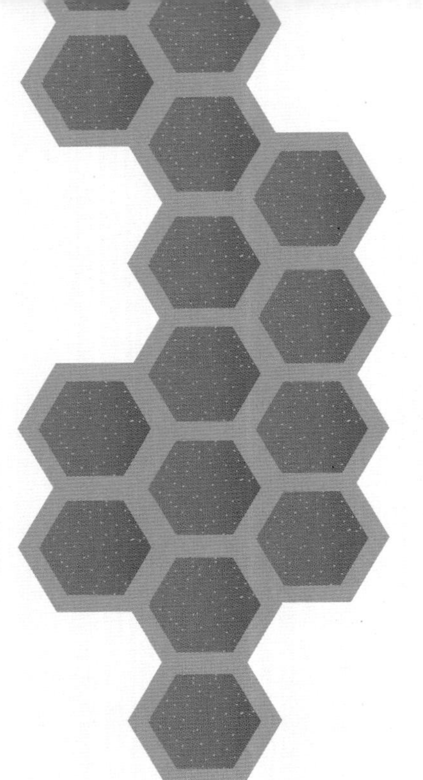

1. HONIGBIENEN

Jeder kennt Bienen. Das sind kleine, gelb und schwarz gestreifte Insekten, die summend von Blüte zu Blüte fliegen. Okay, ihr Stich kann gefährlich sein. Aber vergiss nicht, dass wir den süßen und nahrhaften Honig nur den Bienen zu verdanken haben.

WIE SIND DIE BIENEN ENTSTANDEN?

Wissenschaftler sagen, dass sie sich aus bestimmten Raubwespen entwickelten, die ihre Ernährung geändert haben. Sie hörten auf, Fleisch zu fressen, und saugten Nektar.

Von Paläontologen wissen wir, dass Bienen zur selben Zeit auf der Erde auftauchten wie Blütenpflanzen. Das war vor etwa 146-74 Millionen Jahren, in der Erdepoche der Kreidezeit (die letzte Periode, in der die Dinosaurier lebten).

Das älteste Fossil einer Biene, das man gefunden hat, gehört zur Gattung *Trigona prisca*. Sie lebte vor mehr als 60 Millionen Jahren. Man fand sie in Amerika. Diese Bienenart hat keinen Stachel. Heute kommt sie in vielen tropischen und subtropischen Regionen der Welt vor.

Die Europäische Honigbiene (*Apis mellifera*) dagegen gibt es noch nicht so lange. Sie tauchte am Ende des Tertiärs (etwa vor 2 Millionen Jahren) auf. Heute ist sie mit 26 Unterarten die meistverbreitete Art der Welt.

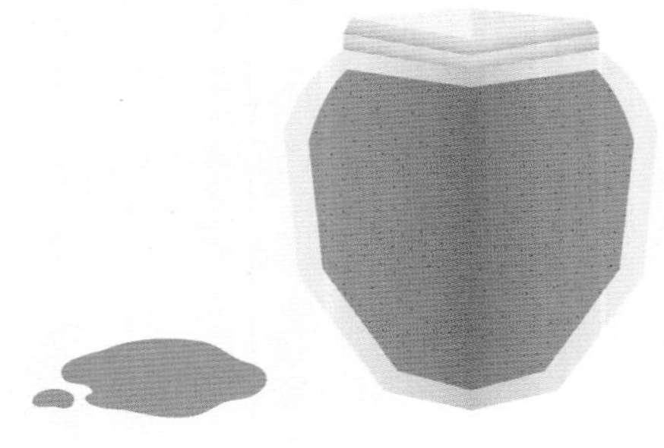

Während sie in Europa, Asien und Afrika schon seit langer Zeit domestiziert sind, kamen Bienen erst viel später auf die anderen Kontinente. Außer in die Antarktis, dort ist es zu kalt für diese Insekten.

2. DIE ANATOMIE DER BIENE

Wie bei allen Insekten ist der Körper der Biene in drei Teile aufgeteilt: Kopf, Brust und Hinterleib. Am Kopf, neben dem Mund, sitzen die Sinnesorgane, also die Augen und die Fühler. Die Bewegungsorgane sitzen dagegen am Brustkorb: sechs Beine und vier Flügel, wie sie alle Insekten haben. Am Ende des Hinterleibs haben Bienen einen gebogenen Stachel, der eine Giftdrüse enthält. Er dient zum Verteidigen und zum Angreifen.

1. KOPF: Sinnesorgane
2. BRUST: Bewegungsorgane
3. HINTERLEIB: Verteidigungsorgane

Flügel
Fühler
Augen
Stachel
Pollenkörbchen
Beine

DER STACHEL

Anders als man bisher glaubte, haben nicht alle Bienenarten einen Stachel. Die Meliponini haben keinen. Von dieser Art, die in Südafrika lebt, gibt es 500 Unterarten, alle unter dem Namen Meliponini bekannt. Bereits das Volk der Maya kannte sie und schätzte ihren Honig, den sie „göttliche Nahrung" nannten.

FARBE

Die schwarz-gelben Streifen haben nicht alle Bienen. Viele, wie die Große Blaue Holzbiene *Xylocopa violaceae,* sind einfach schwarz. Andererseits sind auch nicht alle Insekten mit dieser Färbung Bienen. Wespen und Hornissen zum Beispiel gehören zu einer ganz anderen Familie, den Faltenwespen *Vespidae*. Es gibt auch harmlose Fliegen, die Zeichnung nutzen, um sich als Bienen und Wespen zu tarnen. Sie täuschen so ihre Fressfeinde, die sie wegen ihres Giftes meiden.

Große Blaue Holzbiene
25–30 mm

Honigbiene
6–10 mm

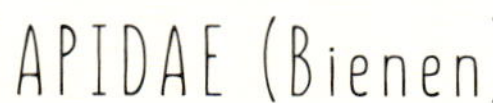

APIDAE (Bienen)

Gemeine Wespe
15–20 mm

Raubwespe
25–35 mm

VESPIDAE (Papierwespen)

Gelbrandschwebfliege Xanthogramma festivum
8–10 mm

Hornissenschwebfliege Volucella zonaria
25 mm

SYRPHIDAE (Schwebfliegen)

3. DIE BIENENGESELLSCHAFT

Viele Bienen, darunter auch die Honigbienen, sind soziale Insekten. Das bedeutet, sie leben in Gemeinschaften zusammen und teilen dasselbe Nest, den Bienenstock. Innerhalb des Bienenvolkes gibt es eine strenge Aufgabenverteilung. Jedes Mitglied arbeitet zum Wohlergehen des Volkes.

Wie bei anderen sozialen Insekten, etwa bei Ameisen oder Termiten, haben auch Bienen mit unterschiedlichen Aufgaben einen unterschiedlichen Körperbau.

ES GIBT DREI VERSCHIEDENE BIENENTYPEN

① DIE KÖNIGIN

Sie ist die größte Biene. Sie legt die Eier und ist deshalb die Mutter aller Bienen im Stock. Außerdem verteilt sie die Aufgaben innerhalb der Gruppe. Sie hat ein ziemlich langes Leben, fast vier Jahre.

② DIE ARBEITERINNEN

Sie verrichten alle Arbeiten, die zum Erhalt des Bienenvolkes notwendig sind. Sie füttern die Larven, bauen und verteidigen den Bienenstock, sammeln und produzieren das Futter. In den warmen Monaten ist ihr Leben sehr kurz, nur etwa einen Monat lang. Arbeitsbienen, die am Ende des Sommers geboren werden, verbringen den gesamten Winter mit der Königin.

③ DIE DROHNEN

Sie sind die männlichen Bienen, die aus unbefruchteten Eiern entstehen. Sie sind größer als die Arbeiterinnen, aber kleiner als die Königin. Ihre einzige Aufgabe ist es, sich mit der Königin während des Hochzeitsfluges zu paaren. Sie haben ein ziemlich kurzes Leben. Während des Sommers werden sie im Bienenstock geduldet. Aber wenn es Herbst wird, werden sie aus dem Stock vertrieben. Draußen erfrieren oder verhungern sie.

4. DIE SINNESORGANE

Bienen nehmen ihre Umwelt, wie alle Insekten, anders wahr als wir. Denn ihre Sinnesorgane funktionieren anders als unsere.

Rezeptoren zum Summen und Vibrieren

SCHMECKEN

Die Rezeptoren zum Schmecken sitzen in den Fühlern. So können die Bienen erkennen, ob etwas süß, bitter, salzig oder sauer schmeckt. Mag die Biene einen Geschmack, kommt aus ihrem Mund ein kleiner Rüssel und sie beginnt zu saugen.

FÜHLEN

Auch die Rezeptoren zum Fühlen sitzen in den Fühlern. Die Bienen benutzen sie, um die Waben im Bienenstock zu finden und um mit anderen Bienen in Verbindung zu bleiben. Sie spüren das Vibrieren ihrer Körper.

RIECHEN

Wie viele Insekten produzieren Bienen chemische Substanzen, sogenannte Pheromone, die sie in der Luft versprühen. So verständigen sich die Bienen untereinander und erkennen Fremde im Bienenstock. Da sie keine Nase haben, haben sie die Rezeptoren zum Riechen ebenfalls in ihren Fühlern.

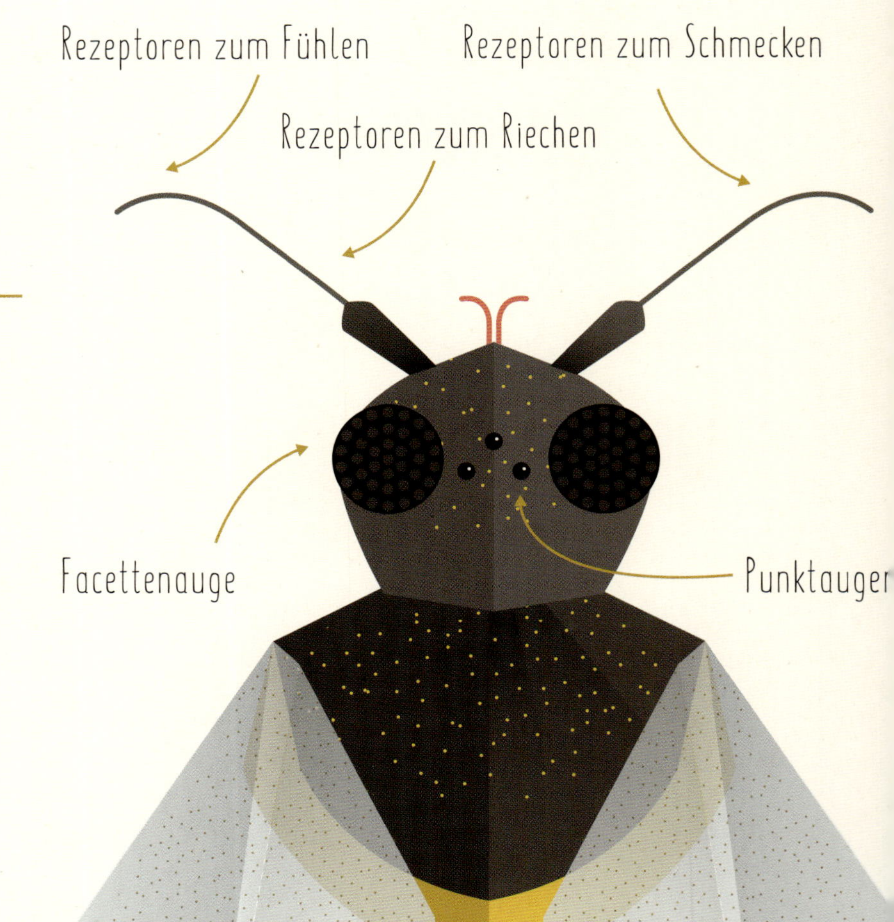

HÖREN

Bienen haben keine Ohren, trotzdem können sie hören. Mit winzigen empfindlichen Härchen auf ihrem Körper nehmen sie die Schwingungen von Tönen wahr.

SEHEN

Bienen haben Facettenaugen, ähnlich wie wir. Jedes Auge hat Tausende einzelner lichtempfindlicher Rezeptoren. Jedes Bild wird durch sie in viele einzelne kleine Punkte zerlegt, wie bei einem Fernsehmonitor. Darüber hinaus sehen Bienen Farben anders als wir. Rot können sie nicht gut erkennen, dafür sehen sie eine Farbe, die wir nicht sehen können: Ultraviolett.

Auf dem Kopf einer Biene sitzen drei kleine Augen, man nennt sie Punktaugen. Damit können sie hell und dunkel unterscheiden. Mit diesen wichtigen Organen kann sich die Biene besser zurechtfinden. Forscher haben herausgefunden, dass Bienen Farben nur bis zu einer Fluggeschwindigkeit von 5 km/h unterscheiden können. Fliegen sie schneller, ist ihre Welt nur noch schwarzweiß.

So sehen wir eine gelbe Blüte.

So sieht eine Biene eine gelbe Blüte.

5. DIE BESTÄUBUNG

Bestäubung nennt man den Vorgang, durch den Pflanzen sich vermehren. Die Blütenpollen einer Pflanze gelangen von der einen zur anderen Blüte und befruchten sie. So entstehen Samen, aus denen neue Pflanzen wachsen. Sie garantieren das Fortbestehen der Art.

Die Bestäubung einer Pflanze kann durch den Wind geschehen, durch Wasser oder durch Tiere, wie zum Beispiel Insekten. Beim Saugen von süßem Blütennektar bleiben die Blütenpollen an ihren Körpern haften. Fliegen sie zur nächsten Blüte, fällt der Blütenstaub wieder ab. So verteilen sie ihn von Blüte zu Blüte.

Im Laufe der Zeit haben Pflanzen viele Methoden entwickelt, um Insekten anzulocken. Zum Beispiel durch den Geruch und die oft herrlichen Farben ihrer Blüten. Bienen lieben die Farben Gelb und Blau, Rot können sie ja nicht erkennen.

Wie du weißt, können sie ultraviolettes Licht sehen. Viele Blumen, die für uns unbedeutend aussehen, haben Pigmentstreifen, die ultraviolettes Licht spiegeln, das für unsere Augen unsichtbar ist. Das zieht Bienen unwiderstehlich an, denn es signalisiert ihnen, dass es hier Nektar gibt. Und das sagt ihnen:

„Komm her, hier ist der perfekte Platz, um sich niederzulassen!"

Wir dürfen nicht vergessen, dass die Mehrzahl aller Ernteerzeugnisse in der Landwirtschaft, im Garten und in Obstplantagen von der Bestäubung durch Bienen abhängig ist.

Man schätzt, dass rund ein Drittel aller Gemüsearten, die Menschen essen, von Bienen bestäubt werden: Zucchini-, Bohnen- und Erbsenblüten genauso wie viele Obstbäume, zum Beispiel Apfel-, Birnen-, Aprikosen-, Pfirsich- und Mandelbäume. Außerdem brauchen Erdbeeren, Blau- und Himbeeren Bienen, um ihre leckeren Früchte zu entwickeln.

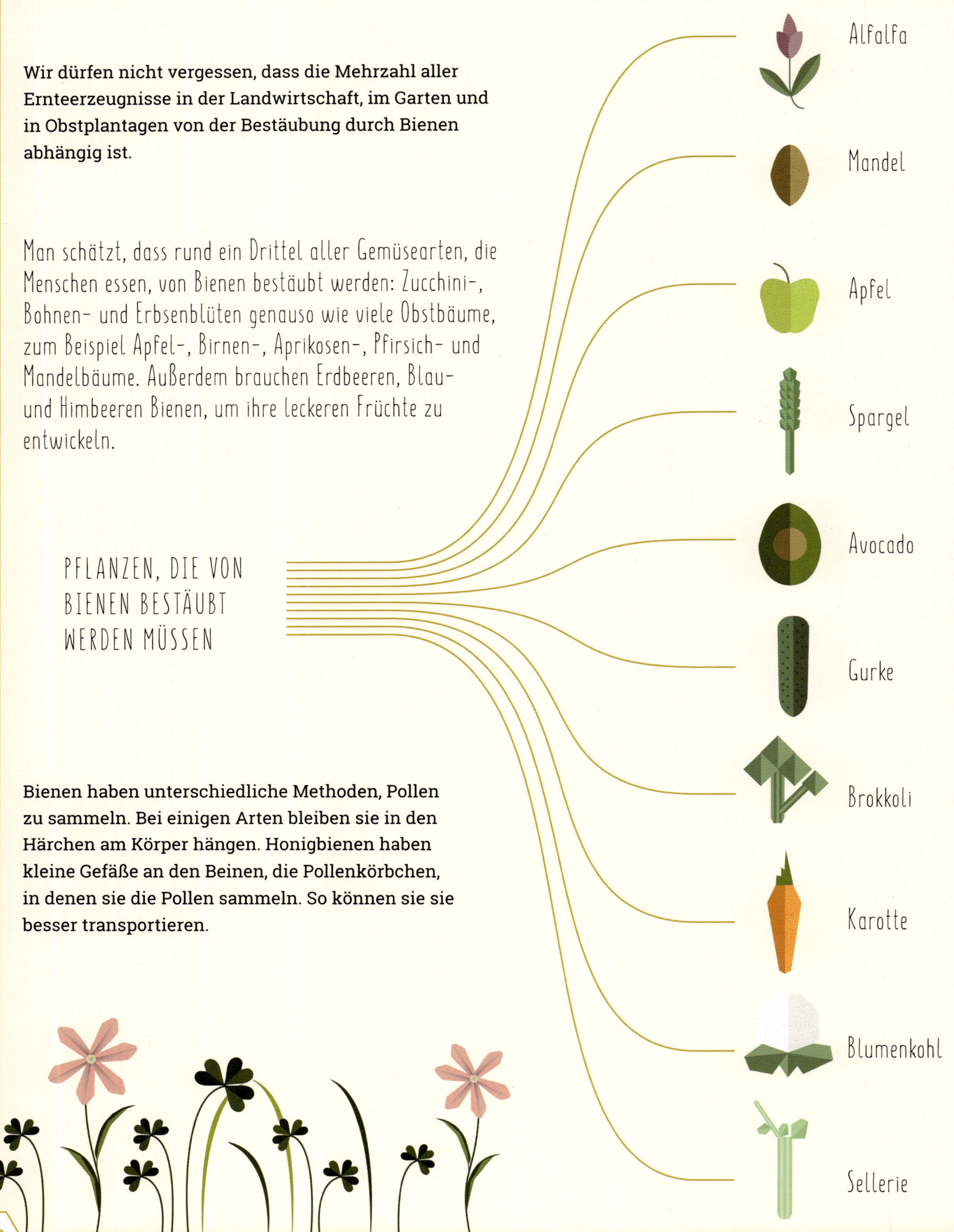

Bienen haben unterschiedliche Methoden, Pollen zu sammeln. Bei einigen Arten bleiben sie in den Härchen am Körper hängen. Honigbienen haben kleine Gefäße an den Beinen, die Pollenkörbchen, in denen sie die Pollen sammeln. So können sie sie besser transportieren.

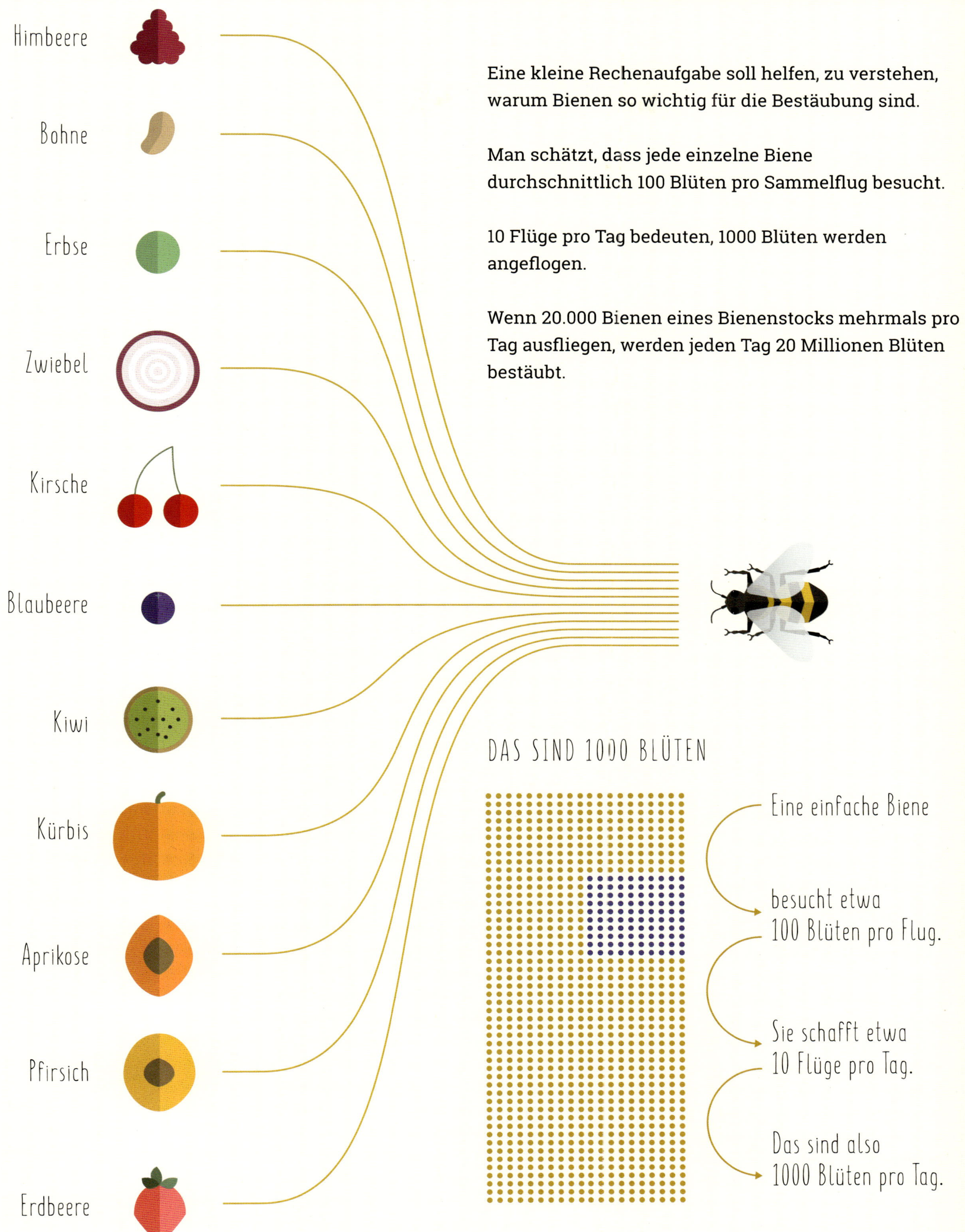

Eine kleine Rechenaufgabe soll helfen, zu verstehen, warum Bienen so wichtig für die Bestäubung sind.

Man schätzt, dass jede einzelne Biene durchschnittlich 100 Blüten pro Sammelflug besucht.

10 Flüge pro Tag bedeuten, 1000 Blüten werden angeflogen.

Wenn 20.000 Bienen eines Bienenstocks mehrmals pro Tag ausfliegen, werden jeden Tag 20 Millionen Blüten bestäubt.

6. DAS AUSSCHWÄRMEN

Eines Tages entscheidet die alte Bienenkönigin, dass nun der Moment gekommen ist, mit einem Teil ihrer Töchter einen neuen Bienenstaat zu gründen. Die Gruppe der Arbeiterinnen, die den Stock verlässt, wird Schwarm genannt. Wenn er ausfliegt, um sich einen Ort für einen neuen Bienenstock zu bauen, nennt man das Schwärmen.

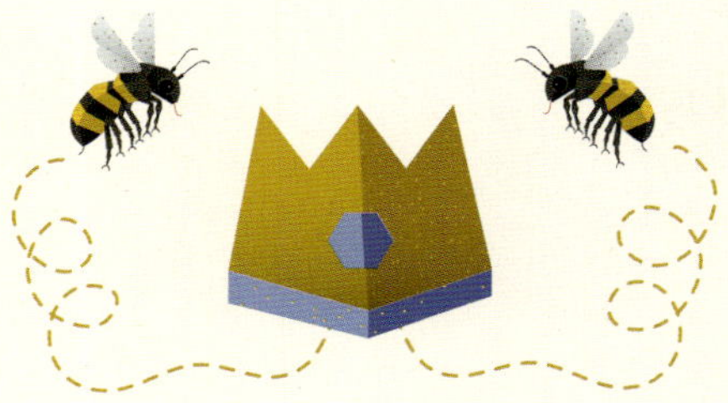

Das Schwärmen bedeutet also, dass Bienen einen neuen Stock gründen. Dies geschieht vor allem dann, wenn der alte Stock überfüllt ist. Bei Wildbienen bedeutet das Schwärmen auch, dass sie andere Gebiete aufsuchen, um Futter zu suchen oder weil es in ihrem angestammten Gebiet zu gefährlich geworden ist.

Vor dem Schwärmen organisiert die Königin die Vorbereitungen. Die schwärmenden Bienen fressen eine bestimmte Menge Honig, damit sie fünf bis sechs Tage Vorrat haben. Sie sind dann so satt, dass sie ihren Stachel nicht ausfahren können. Deshalb stechen Bienen während des Schwärmens so selten.

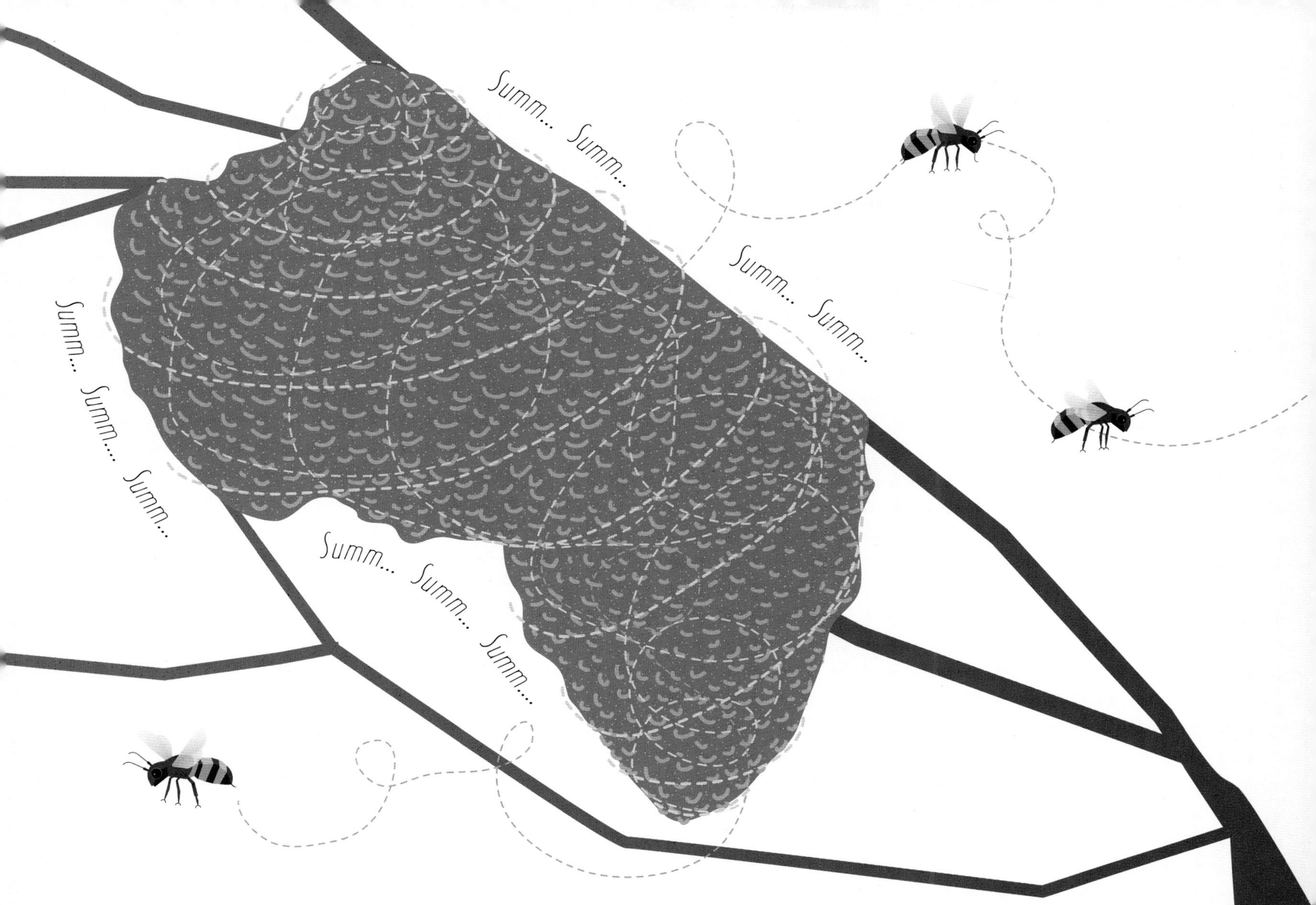

In der Zwischenzeit wird es ziemlich hektisch im Bienenstock. Sobald alles vorbereitet ist, wählt die Königin einige Tausend Arbeiterinnen aus und führt sie aus dem Stock.

Die Bienen verteilen sich um die Königin herum, um sie vor Angreifern zu schützen. Sie können unterwegs auch Zwischenstopps einlegen. Dann bilden sie die charakteristischen Formen, die man manchmal zwei bis drei Tage an Ästen und Felsvorsprüngen hängen sieht.

Inmitten der vielen Körper liegt die Königin, umgeben von den jungen Bienen. Die älteren und erfahreneren Bienen hängen außen. Sie verlassen die Gruppe und machen Ausflüge, um die Umgebung nach einem geeigneten Platz für ein neues Nest abzusuchen.

Im alten Bienenstock sind inzwischen alle Vorkehrungen getroffen worden, um eine neue Königin heranzuziehen. Sie wird Eier legen und damit die alte Königin ersetzen, die ausgeschwärmt ist.

7. DIE VERSTÄNDIGUNG

Wenn man in einer Gruppe lebt, die aus vielen einzelnen Individuen besteht, heißt das, man muss den Regeln dieser Gemeinschaft genau folgen. Außerdem braucht man eine Methode, mit der sich die Mitglieder einer Gruppe untereinander verständigen können. Für alle ist es sinnvoll, dieselbe Methode der Verständigung zu verwenden. Das Gleiche gilt auch für die Bienen.

Um sich zu verständigen, haben Bienen neben den speziellen Gerüchen, den Pheromonen, ein umfassendes System entwickelt. Es ist einzigartig unter den Insekten und funktioniert über Körperbewegungen.

Beim Erkunden der Gegend und Sammeln von Pollen können Bienen mehrere Kilometer weit weg von ihrem Stock fliegen, bis sie reiche und leicht erreichbare Nahrungsquellen gefunden haben. Zum Beispiel eine blühende Wiese oder einen Baum voller Blüten.

Haben Sie eine gefunden, vollführen sie einen speziellen Tanz, wenn sie zurück im Stock sind. So teilen sie diese Information den anderen Bienen mit.

Indem die Biene mit ihrem Hinterleib zittert und den Körper in eine bestimmte Richtung dreht, gibt sie den anderen Bienen sehr genaue Anweisungen dazu, wo sie die Nahrungsquelle finden und wie weit es bis dorthin vom Stock aus ist.

Außerdem können die Bienen die Pollen am Körper ihrer Kollegin riechen. Und so wissen sie, welche Art von Blüten sie suchen müssen.

Es hat lange gedauert, bis Zoologen diese besondere „Sprache“ der Bienen entschlüsselt haben. Dem österreichischen Natur- und Verhaltensforscher Karl von Frisch gelang es nach 20 Jahren des Studierens und Beobachtens.

Mit ihren Fühlern erkennen die Bienen, nach welcher Blüte sie suchen müssen.

Für seine lange und wertvolle Arbeit erhielt von Frisch den Nobelpreis. Er entschlüsselte zwei Arten von Bewegung der Bienen: den Kreistanz und den Schwänzeltanz.

8. DER BIENENTANZ

Wenn die Bienen von ihren Ausflügen zurückkommen, beginnen sie vor dem Eingang des Bienenstockes herumzuschwirren. Dann fliegen sie hinein und fangen an, umherzuwandern und sich um die anderen Bienen im Kreis zu drehen.

WAS PASSIERT?

Die Bewegungen, die die tanzenden Bienen vollführen, sind nicht zufällig. Sie dienen dazu, die Nachricht weiterzugeben: Wir haben Nahrung für die Kolonie gefunden. Und sie wollen weitere Arbeitsbienen auffordern mitzusammeln. Alle beobachten die Bewegungen sehr genau, denn so erfahren sie, wohin sie fliegen müssen.

Und so funktioniert der Bienentanz: Wenn sich die Nahrungsquelle weniger als 50 Meter vom Stock entfernt befindet, tanzen die Bienen im Kreis, zuerst in die eine Richtung, dann in die andere. Die anderen Bienen machen sich auf den Weg und indem sie immer größer werdende Kreise fliegen, finden sie bald die entsprechende Stelle mit den Blüten.

DER KREISTANZ

Die Nahrungsquelle ist weniger als 50 Meter entfernt.

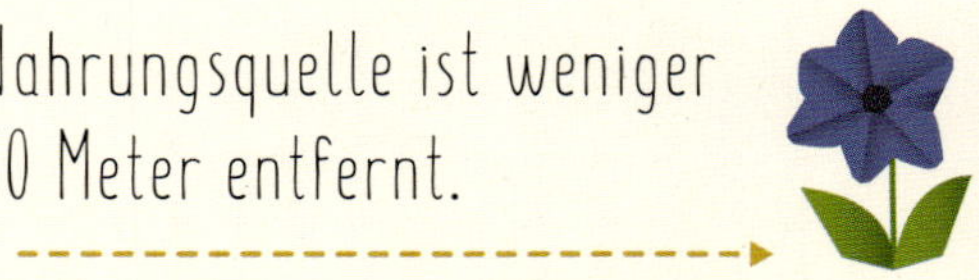

Wenn jedoch die Blütenquelle mehr als 50 Meter entfernt ist, verändern die Bienen den Tanz. Sie bewegen sich in Form einer „8". Zuerst fliegen sie eine Schlangenlinie geradeaus, dann drehen sie sich um 360 Grad und fliegen zurück, zuerst in die eine Richtung, dann in die andere. Dabei bewegen sie ihr Hinterteil in regelmäßigen Abständen. Je nachdem, wie schnell sie diesen Tanz vollführen und ihr Hinterteil vibrieren lassen, zeigen sie die Entfernung der Nahrung an. Je langsamer der Tanz, desto weiter weg die Blüten.

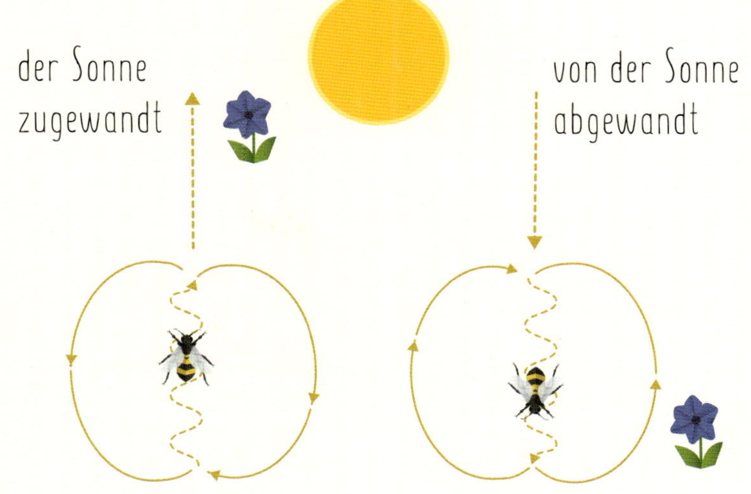

Sogar die Sonne und die Erdanziehungskraft dienen den Bienen zur Orientierung. Wenn die tanzenden Bienen die gerade Linie nach oben tanzen, bedeutet es, die Nahrungsquelle liegt in Richtung der Sonne. Wenn sie dagegen nach unten tanzen, ist gemeint, dass sie in der anderen Richtung zu finden ist.

Wenn sie den Kreis in einem bestimmten Winkel tanzen, teilen die Bienen den anderen außerdem mit, ob sie rechts oder links an der Sonne vorbeifliegen müssen. Ihre Flugbahn muss dabei denselben Winkel haben wie die, die sie vorgetanzt bekommen haben – rechts oder links von einer gedachten Linie.

SCHWÄNZELTANZ

Die Nahrungsquelle ist mehr als 50 Meter entfernt.

9. WIE BIENEN DEN WEG FINDEN

Bienen, die unterwegs sind, um Nektar zu sammeln, finden immer nach Hause zurück. Warum verirren sie sich nie?

Bei einer kurzen Entfernung nutzen sie ihre Sinnesorgane, besonders ihren Geruchssinn. Jede Bienenfamilie hat ihren eigenen speziellen Geruch, der sie genau kennzeichnet. Daher ist es praktisch unmöglich, dass eine Biene in einen unbekannten Stock fliegt.

Die Sonne ist für Bienen, Schmetterlinge und Vögel wichtig zur Orientierung.

N
W
O
S

Bienen können viele Kilometer weit weg von ihrem Stock fliegen, oft sogar auf ungeraden und komplizierten Wegen. Vor Jahren haben Forscher herausgefunden, dass für Bienen wie für Schmetterlinge und Vögel die Sonne ein wichtiges Instrument zur Orientierung ist. Sie nutzen sie wie einen Kompass.

Sogar wenn der Himmel bewölkt ist, richten sich die Bienen nach dem Licht, das durch die Wolken dringt. An der Art, wie es auf ihre Augen fällt, erkennen sie die Stellung der Sonne am Himmel, auch wenn sie unsichtbar ist.

Kürzlich haben Studien gezeigt, dass sich Bienen womöglich eine Art „Landkarte" im Kopf erstellen, ähnlich wie es Säugetiere tun. Sie prägen sich wichtige Punkte während ihrer Ausflüge ein.

Man hat ein Experiment durchgeführt: Einige Bienen wurden aus dem Stock genommen und ihr Tag- und Nachtrhythmus wurde so verändert, dass sie nicht mehr wussten, welche Tageszeit gerade ist. Auch die Sonne konnten sie nicht sehen. Die Forscher stellten fest, dass diese „verstörten" Bienen trotzdem mühelos zu ihrem Stock zurückfanden, genau wie ihre Geschwister. Das Experiment hat deutlich gezeigt, dass die Bienen anhand der Position eines Busches, eines Felsens oder eines Gebäudes die Entfernung von diesen Punkten zum Bienenstock bestimmen, ohne die Stellung der Sonne zu Hilfe nehmen zu müssen. Diese Fähigkeit ist noch überraschender, wenn man bedenkt, wie klein das Gehirn dieser Insekten ist.

10. WAS BIENEN HERSTELLEN

Schon seit langer Zeit kennen und schätzen Menschen die Produkte der Bienen. Sie haben gelernt, diese fleißigen Insekten zu züchten, um sie in der Nähe zu haben. Diese wiederum genießen den Schutz, den das Leben bei den Menschen mit sich bringt.

HONIG

Er ist die Hauptnahrung der Bienen, den sie aus Nektar und Honigtau, einer zuckerhaltigen Flüssigkeit auf den Pflanzen, herstellen. Die Bienen legen ihn in den Honigwaben ab, die sie danach verschließen. Mit Honig füttern sie die Mitglieder des Bienenstocks. Daher ist es wichtig, wenn Menschen den Honig nehmen, immer eine kleine Menge als Nahrung für die Bienen zurückzulassen, vor allem während der kalten Monate. Honig besteht zu 85 % aus Zucker (Fruktose und Glukose). Er schmeckt gut, hat viele Vitamine und spendet Energie.

GELEE ROYALE

Das ist das Futter, mit dem die Larven aufgezogen werden, die zur Königin bestimmt sind. Es entsteht durch eine Mischung von Säften aus der Futtersaftdrüse und der Oberkieferdrüse der Bienen. Gelee Royale ist ein sehr eiweiß- und vitaminreiches Nahrungsmittel. Es ist weiß und schmeckt wie eine Mischung aus süß und sauer. Menschen nutzen es als Medizin gegen körperliche Schwächezustände nach einer Krankheit oder bei Erschöpfung.

WACHS

Wachs ist das Material, aus dem Bienen die Waben bauen. Es ist beständig und wird bei einer Temperatur von 35 °C form- und dehnbar (bei 62-65 °C schmilzt es ganz). Produziert wird es von speziellen Drüsen am Hinterleib der Arbeiterbienen zum Bau der Waben. Menschen benutzen Wachs, um daraus Kerzen zu machen. Vor allem aber wird es Kosmetikartikeln zugesetzt. Außerdem werden damit Holzmöbel poliert.

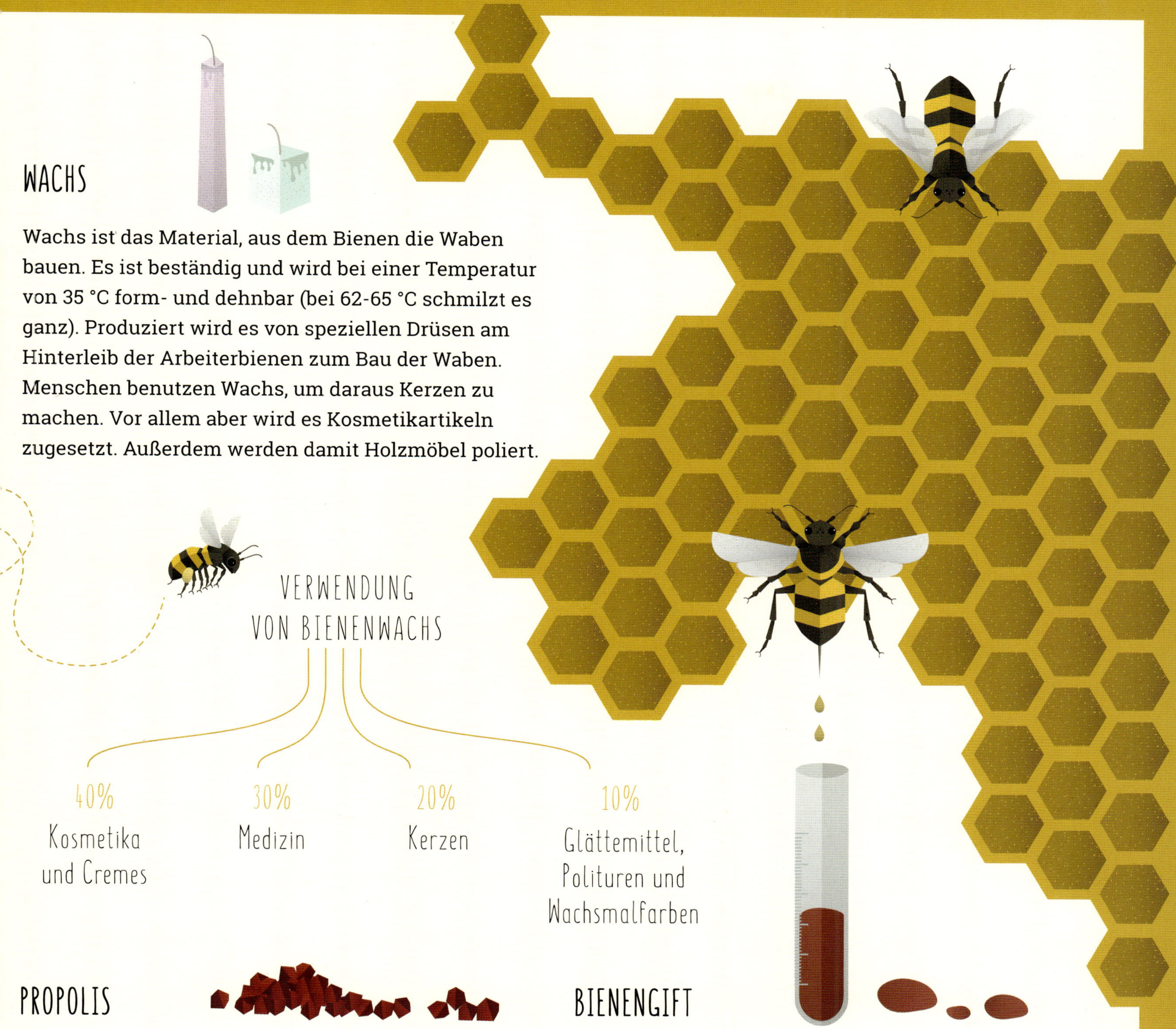

VERWENDUNG VON BIENENWACHS

- 40% Kosmetika und Cremes
- 30% Medizin
- 20% Kerzen
- 10% Glättemittel, Polituren und Wachsmalfarben

PROPOLIS

Das ist ein stark antibiotisch wirkender Stoff, den die Bienen aus Baumharz herstellen, das sie zum Beispiel von Pappeln, Eichen oder Nadelbäumen sammeln. Sie kauen es und mischen es mit ihrem Speichel. Propolis ist klebrig und hat eine dunkelrote Farbe. Bienen desinfizieren ihren Stock damit, indem sie es auf den Wänden und über die toten Körper von Eindringlingen verteilen, die zu groß sind, um aus dem Stock herausgetragen zu werden. Menschen benutzen es wegen seiner Wirkung gegen Bakterien, Pilze und Entzündungen.

BIENENGIFT

Diese Substanz brauchen Bienen vor allem zur Selbstverteidigung. Sie spritzen sie in ihre Angreifer, wenn sie stechen. Sticht eine Biene einen Menschen, stirbt sie danach. Denn der Stachel hat Widerhaken und bleibt in der Haut stecken. Will die Biene nach dem Stich wegfliegen, zerreißt ihr Hinterleib. Wenn sie andere Insekten sticht, passiert das nicht. Menschen schätzen das Bienengift besonders wegen seiner vielen gesundheitsfördernden Eigenschaften. Zum Beispiel ist es ein gutes Mittel gegen Rheuma und wird bei verschiedenen Erkrankungen des Nervensystems empfohlen.

11. DAS NEST

Wildbienen, die in Gemeinschaften leben, bauen ein gemeinsames Nest an einem sicheren und trockenen Ort. Zum Beispiel im Schutz von Ästen von Bäumen oder in einer Felsspalte. Innen besteht es aus kleinen, sechseckigen Zellen, deren Öffnung leicht nach oben zeigt. Sie dienen dazu, die Larven während deren Entwicklung zu beherbergen oder um Pollen und Honig darin aufzubewahren.

Das Innere eines Bienennestes

DAS NEST DER HONIGBIENEN

Die sechseckige Form der Zellen ist nicht zufällig. Sie ist die Form, die am stabilsten ist und die den meisten Platz zum Verstauen und Aufbewahren bietet. Zum Bau dieses Nestes braucht man am wenigsten Wachs. Zahlreiche, aneinandergebaute Zellen bilden die Honigwaben. Imker verwenden künstliche Formen von Bienenstöcken, um die Arbeit der Arbeitsbienen zu erleichtern.

Die Zellen des Nestes enthalten die Larven.

DAS NEST DER SANDBIENEN

Unter den einfachen Wildbienen sind Sandbienen sehr verbreitet. Sie bauen ihr Nest in den Erdboden, indem sie mit ihren Kiefern einen Tunnel graben. Mit den Beinen befördern sie die Erdkrümel nach oben. Oft häufen sie am Eingang Erde auf, um zu verhindern, dass Regen eindringt.

Sandbiene

DAS NEST DER BAUBIENEN

Andere Bienen werden „Baubienen" genannt, denn sie nutzen natürliche Gegebenheiten, wie etwa Felsspalten, Baumstämme ebenso wie leere Muschelschalen. Diese kleiden sie mit natürlichem Material aus, wie Harz, Lehm oder einem Brei aus Blättern. Sie legen mehrere Eier pro Nest, die sie durch Mauern aus Lehm, Speichel oder Teilen von Blättern, die sie selbst abgezupft haben, voneinander trennen (zum Beispiel *Osmia rufa* und die Familie der *Megachilidae*).

Baubiene

Am Ende des Haupttunnels graben sie eine Kammer für ein Ei. Das Ei wird mit einem schützenden Stoff bedeckt, den sie selbst herstellen. Zum Ei werden genügend Nektar und Pollen gelegt, von denen sich die Larven ernähren, wenn sie ausgeschlüpft sind. Dann wird der Raum versiegelt und die Biene baut die nächste Kammer für ein Ei (zum Beispiel die Art *Dasypoda*).

DAS NEST DER HOLZBIENEN

Holzbienen sind mit sehr starken Kiefern ausgestattet. Damit können sie ihr Nest in Holz bauen. Dort legen sie wenige sehr große Eier hinein. Einige Arten bewachen den Nachwuchs, bis er voll entwickelt ist (solche wie etwa *Xylocopa violacea*).

Große Blaue Holzbiene

12. DIE AUFGABEN DER ARBEITERINNEN

Arbeitsbienen machen den größten Teil der Bienenpopulation aus. Wie die Königin sind sie alle weiblich. Aber sie sind unfruchtbar. Sie sind kleiner, haben ein kurzes Hinterteil und eine Art kleinen Korb an ihren Beinen, in dem sie die Pollen ins Nest bringen. Diese Bienen haben jeden Tag unglaublich viele Pflichten und Aufgaben zu erledigen. Aber sie arbeiten im Team und teilen die Arbeiten untereinander auf, je nach Alter der Biene. Das heißt, die Aufgaben einer Arbeiterin ändern sich im Laufe ihres kurzen Lebens.

1

TAG 1 BIS 3

Sobald aus der Larve eine Biene geworden ist, beginnt die Arbeit. Zuerst muss sie ihre Wabenzelle und die anderen darum herum reinigen, damit neue Eier hineingelegt oder Honig und Pollen darin gelagert werden können.

2

TAG 3 BIS 6

In den nächsten Tagen hält sie den Stock sauber und bringt alle toten Bienen oder Larven nach draußen. Kranke Bienen werden weggeschickt, damit sie die Gesundheit der anderen Bienen nicht gefährden.

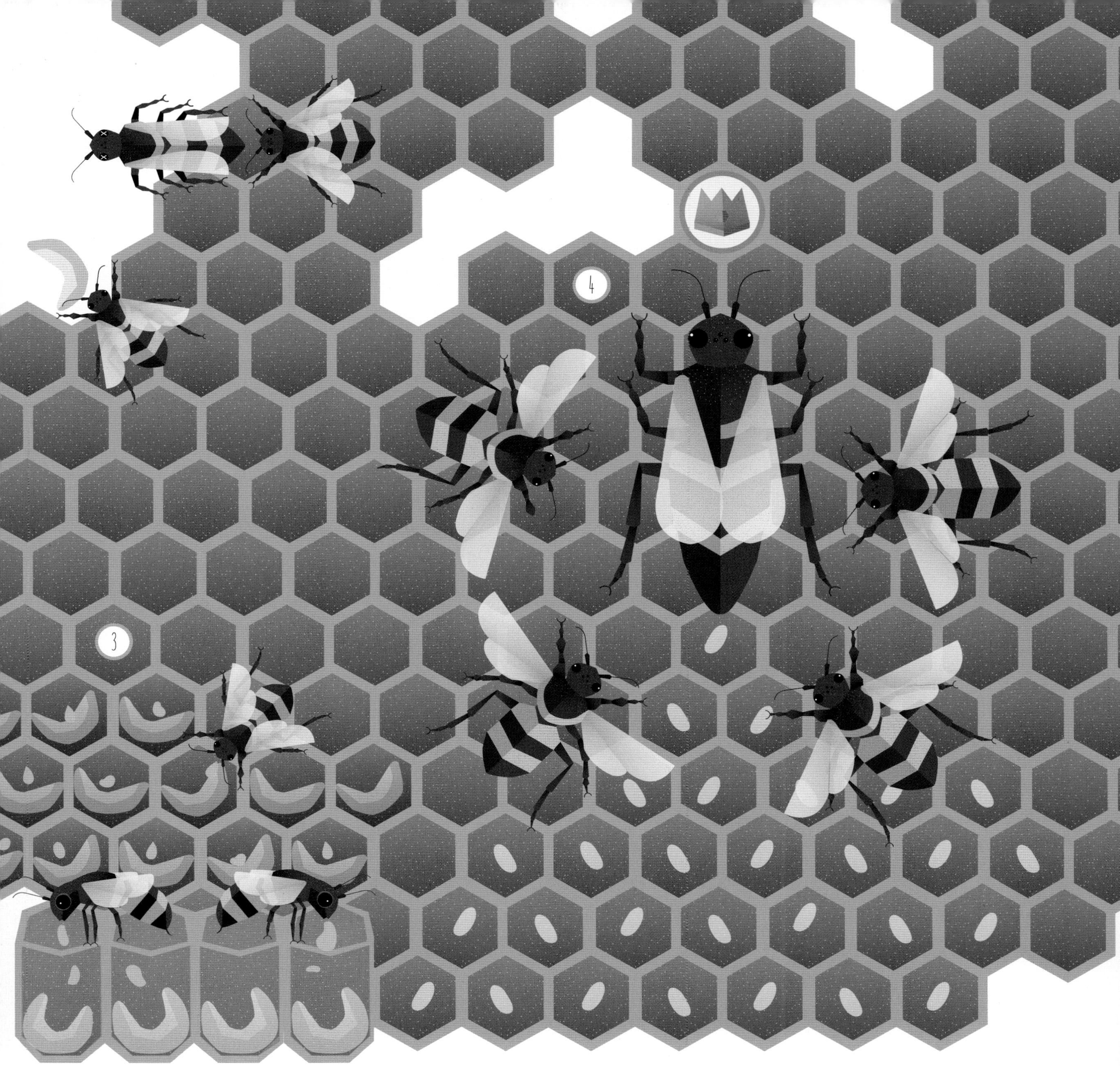

3

TAG 6 BIS 10

Nach ein paar Tagen werden die jungen Bienen zu Ammen und sind für die Entwicklung der Larven zuständig. Sie füttern sie und schauen nach ihnen – bis zu 1.300 Mal am Tag.

4

TAG 10 BIS 12

Die nächste Aufgabe im Ablauf besteht darin, sich um die Bedürfnisse der Königin zu kümmern. Das heißt, sie zu füttern und zu reinigen und ihr beizustehen, wenn sie in die Zellen bis zu 2.000 Eier am Tag legt. „Pflegerinnen" müssen außerdem die Mitteilungen der Königin, die sich über Duftstoffe (Pheromone) verständigt, an ihre Schwestern weitergeben.

5

TAG 12 BIS 16

Wenn sie etwa zwölf Tage alt sind, bekommen die Bienen Nektar und Pollen von den Sammelbienen, wenn diese zum Stock zurückkommen. Daraus machen sie Honig und verstauen ihn in den Wabenzellen, die dafür vorgesehen sind.

6

TAG 16 BIS 20

Nach etwas mehr als zwei Wochen sind die Bienen erwachsen genug, um Wachs zu produzieren. Mit diesem sehr formbaren Material bauen sie die sechseckigen Wabenzellen für den Honig und verschließen sie damit, um ihn haltbar zu machen.

Daneben sind Bienen damit beschäftigt, die Temperatur im Stock möglichst immer bei 36 °C zu halten. Das bedeutet, dass sie an sehr heißen Sommertagen die Brut mit ihrem Körper abschirmen und, indem sie ihre Flügel schnell hin und her bewegen, die Luft wie ein Ventilator kühlen. Damit sichern sie nicht nur das Überleben und die gesunde Entwicklung der Larven, sondern sorgen auch dafür, dass der Honig reift und nicht gärt.

Im Winter, wenn die Temperaturen draußen unter 10 °C sinken, werden Bienen, die Kaltblüter sind, inaktiv. Um zu überleben, drängen sie sich in dem Bereich des Stocks aneinander, in dem Honig und Pollen aufbewahrt werden. Sie hängen zusammen und bilden eine Kugel aus Körpern. Die Bienen, die innen hängen, sind die wärmsten, während die äußeren kälter sind. Um das auszugleichen, wechseln die Bienen die Plätze.

Bienen bemühen sich, immer die gleiche Temperatur im Stock zu halten.

7

TAG 20 BIS 23

Wenn sie etwa 20 Tage alt ist, übernimmt die Biene die letzte Pflicht im „Innendienst“: den Stock bewachen. Zusammen mit ihresgleichen hält sie am Eingang des Nestes aufmerksam Wache und sorgt dafür, dass nur Mitglieder der eigenen Familie hineinkommen. Bienen, die anders riechen, werden verjagt. Manchmal passiert es, dass eine fremde Biene die Wächterinnen mit Nektar besticht und es schafft, hineinzukommen und Honig zu stehlen.

8

TAG 23 BIS 40

Etwa in der Mitte ihres Lebens ist die Arbeitsbiene reif für die härteste und gefährlichste Aufgabe: draußen zu arbeiten. Dann fliegt sie mit ihren Geschwistern, den Sammelbienen, aber nicht, bevor sie einige schnelle Orientierungsflüge um den Stock herum gemacht hat. Diese Flüge haben den wichtigen Zweck, dass sich die Biene Umrisse und besondere Orte einprägen kann, anhand derer sie wieder nach Hause zurückfindet. Denn bald wird sie sehr weit weg fliegen.

13. HONIGLIEBHABER

Menschen sind nicht die einzigen, die entdeckt haben, wie gut und nahrhaft Honig ist. Auch bei vielen Tieren steht dieses wertvolle Nahrungsmittel auf dem Speiseplan. Um daran zu gelangen, nehmen sie es mit den Bienen und ihrer Angriffslust auf. Sie akzeptieren auch die unvermeidlichen schmerzhaften Stiche, die die Insekten denen verpassen, die ihre Nester plündern.

GELEGENTLICHE UND REGELMÄSSIGE RÄUBER

Einige, wie der Dachs oder der Fuchs, sind gelegentliche Räuber. Während andere körperliche Merkmale oder spezielle Verhaltensweisen entwickelt haben, um sich regelmäßig mit Honig zu versorgen.

Der Fuchs und der Dachs sind gelegentliche Honigfresser.

Bären sind durch ihren dicken Pelz geschützt und mithilfe ihrer langen Klauen können sie den Bienenstock öffnen und völlig zerstören. Schimpansen dagegen benutzen dünne Stöckchen, die sie in die Waben stecken. Wenn sie sie herausziehen, hängen sie voller Honig und die Affen lecken an ihnen wie an einem Lutscher.

Schimpansen benutzen dünne Stöckchen, um Honig zu stehlen.

DER HONIGDACHS

Bereits der Name Honigdachs (*Mellivora capensis*) besagt, was die offensichtlichste Fähigkeit dieses Tieres ist: Es ist ein geschickter Räuber in Bienenstöcken, die er regelmäßig angreift, um Honig und Larven zu ergattern.

Seine dicke, gummiartige Haut widersteht selbst einem Angriff mit Pfeil und Bogen. Daher ist es praktisch unmöglich für die Bienen, sie mit ihrem Stachel zu durchdringen, auch wenn sie es zu Hunderten versuchen.

Der Honigdachs lebt in Afrika, im Nahen Osten und in Indien.

Dieses kuriose Säugetier lebt in Afrika, im Nahen Osten und in Indien. Seinen Namen hat es wegen seiner Ähnlichkeit mit dem europäischen Dachs, mit dem es aber nicht verwandt ist.

AUSSERGEWÖHNLICHER RÄUBER

In Südamerika lebt der Kinkajou (*Potos flavus*), ein kleines Säugetier, das dem Waschbären ähnlich ist. Er klettert meistens durch die Bäume, dazu benutzt er seinen starken Schwanz, mit dem er greifen und sich an die Äste hängen kann.

Er ist auch als Honigbär bekannt. Mit seiner bis zu 12 cm langen Zunge holt er den Honig aus dem Bienenstock, um ihn sich schmecken zu lassen.

Große Wachsmotte

Auch unter den Insekten gibt es einige, die die Arbeit der Bienen lieben. Eines davon ist die Große Wachsmotte (*Galleria mellonella*). Für die Bienen stellt sie eine Plage dar. Dieser Nachtfalter legt seine Eier in die Bienenstöcke. Die Raupen sind gefräßige Wachs- und Honigfresser, sodass sie einen Bienenstock in sehr kurzer Zeit zerstören können.

Der Totenkopfschwärmer (*Acherontia atropos*), ein Schmetterling, schadet den Bienen, wenn er ausgewachsen ist. Sein Körper ist mit einem dicken Pelz bedeckt und er ist immun gegen Bienengift. Daher übersteht er den Angriff der Wächterbienen und dringt nachts in den Stock ein, um Honig zu stehlen.

Totenkopfschwärmer

14. DER HOCHZEITSFLUG DER KÖNIGIN

Die Bienenlarven werden in den ersten drei Tagen mit Gelee Royale gefüttert, danach mit Nektar und Pollen, bis sie ausschlüpfen. Die Larven, die Königin werden sollen, erhalten die ganze Zeit über Gelee Royale. Nach dem Schlüpfen kann die Königin noch keine Eier legen. Dazu muss sie erst befruchtet werden.

Die Paarung findet nicht im Stock mit den eigenen männlichen Bienen, den Drohnen, statt, sondern draußen mit den Drohnen von anderen Stöcken. Dazu verlässt die Königin für kurze Zeit den Stock und begibt sich auf den Hochzeitsflug. Das geschieht an einem warmen, windstillen Tag, etwa zehn Tage, nachdem sie geschlüpft ist.

Nach einigen ersten kreisförmigen Orientierungsflügen um den Stock fliegt die Bienenkönigin 20 Meter in die Höhe. Begleitet wird sie von ihren Dienerinnen, die sie vor möglichen Angreifern beschützen. Die Drohnen aus der Umgebung folgen ihr. Sie erkennen die Königin an ihrem Geruch, den Pheromonen, der sie unwiderstehlich anzieht.

Etwa ein Dutzend Drohnen befruchten sie während des Fluges. Während mehrerer Paarungsakte werden alle Eier befruchtet, die sie während ihres Lebens legt.

Durch die Paarung verlieren die Drohnen nicht nur ihre Geschlechtsorgane, sondern auch ihr Leben. Insgesamt dauern alle Paarungsakte zusammengenommen etwa 30 Minuten.

Vergehen nach dem Schlüpfen der Königin jedoch mehr als 20 Tage, kann sie danach nicht mehr befruchtet werden. Sie legt dann unbefruchtete Eier, aus denen nur männliche Bienen schlüpfen. Imker sprechen dann von „Drohnenbrütigkeit".

Viele Solitärbienenarten, zum Beispiel solche aus der *Osmia* Familie, paaren sich nicht wie Honigbienen im Flug. Nach der Paarung verströmen die Männchen auf dem Körper der Königin einen Duft, der sie „unattraktiv" für andere Drohnen macht. Daher haben alle Nachkommen dieser Königin denselben Vater.

15. DIE GESCHICHTE DES HONIGS

Wir wissen nicht, wann genau Menschen die Süße von Honig zum ersten Mal schmeckten. Sicher ist jedoch, dass vor mindestens 8.000 Jahren, in der Steinzeit, einige hungernde Menschen ihn von den Wildbienen stehlen konnten. Das ist durch Wandmalereien in den Spinnenhöhlen in Spanien - Cuevas de la Araña - in der Nähe von Valencia dokumentiert.

Die ägyptische Wildbiene

Diese Höhlenmalereien sind etwa etwa 5.000 bis 6.000 Jahre alt. Sie zeigen einen Mann oben auf einem Baum. In der Hand hält er einen Korb und viele Bienen schwirren um ihn herum. Man sieht auch Rauch, mit dem er sie wahrscheinlich davon abhalten wollte, ihn zu stechen. Diese Technik ist dieselbe, die die Honigjäger in Indien heute noch verwenden.

Die ältesten Reste von Honig fand man dagegen in Georgien in Tonvasen aus einem Grab, das etwa 5.000 Jahre alt ist.

Die Höhlenmalerei der Spinnenhöhlen findet man in Spanien.

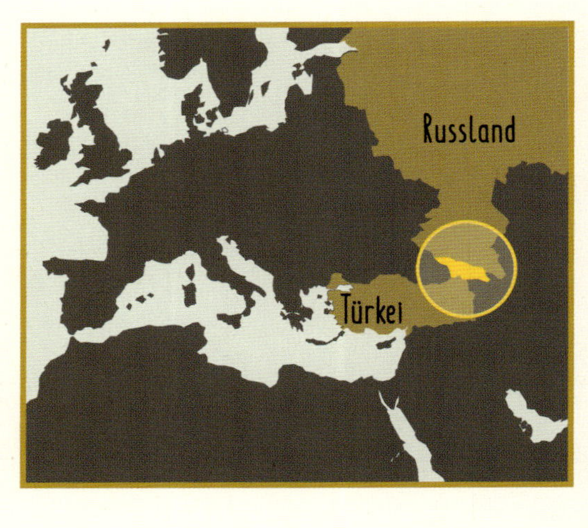

Georgien liegt zwischen der Türkei und Russland am Schwarzen Meer.

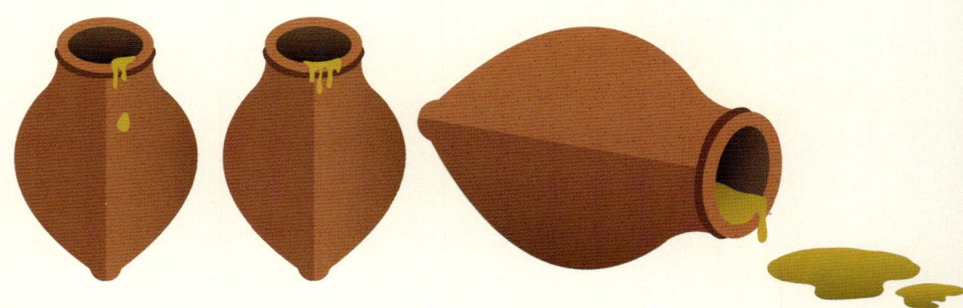

HONIG IN ÄGYPTEN: GÖTTLICHE NAHRUNG

Die ersten Menschen, die Bienen züchteten, waren jedoch die Ägypter: Das zeigt eine Zeichnung, die man im Sonnentempel bei Kairo fand. Diese Menschen bauten vor etwa 2.400 Jahren waagerechte Bienenstöcke und ernteten die kostbare Masse.

Anubis, der Totengott mit dem Schakalkopf

Königin Nofretete

Horus, der Gott des Lebens, mit dem Falkenkopf

Zu Anfang bekamen nur die königliche Familie und die Gottheiten den Honig. Erst danach aß ihn auch die Bevölkerung, die daraus Desserts und Kuchen herstellte.

Das Königreich Ägypten in seiner größten Ausdehnung

Honig wurde außerdem dazu verwendet, die Toten einzubalsamieren, um Salben herzustellen, die Wunden heilten, um Steuern zu bezahlen und als Geschenk für die Götter.

DAS WORT „HONIG“

Das Wort stammt wahrscheinlich vom altindogermanischen Wort für „Goldgelb“, *k(e)neko*. Im Altgermanischen wurde es zu *huna(n)ga*, später *honung* im Altnordischen und schließlich *hunig* im Altenglischen.

HONIG IM ALTEN GRIECHENLAND

Die alten Griechen hatten ein lebhaftes Interesse an der Bienenzucht: Das erwähnt auch der berühmte Philosoph Aristoteles in seiner Abhandlung De *Generatione Animalium* („Über die Entstehung der Tiere“). Darin stellt er die Vermutung auf, wie Honig entsteht. Er glaubte, dass er vom Himmel fällt.

HONIG BEI DEN ALTEN RÖMERN

Die Römer züchteten Bienen und bauten Behausungen für sie in unterschiedlichen Formen und aus verschiedenen Materialien, zum Beispiel aus Weidengeflecht, Terracotta, Baumrinde und vielen anderen. Sie nutzten Honig zum Süßen von Lebensmitteln wie etwa Wein. Er wurde auch zum Haltbarmachen und Verfeinern von Speisen und für Saucen benutzt. Die alten Römer liebten süß-saure Speisen viel mehr als wir heutzutage.

Honig wurde auch zur Parfümherstellung und als Medizin bei Wunden verwendet sowie um die Farben von Stoffen brillanter aussehen zu lassen. Der Wert von Honig war vergleichbar mit dem von feinen Weinen und wertvollen Ölen.

Ein Bienenstock aus Weidengeflecht im alten Rom

Der Philosoph Aristoteles vermutete, Honig fällt vom Himmel.

DIE VERWENDUNG VON HONIG BEI DEN ALTEN RÖMERN

Wein und Lebensmittel

Parfüm

Wundsalbe

Stofffarbe

HONIG IM MITTELALTER

Karl der Große befahl im Jahr 759 all seinen Untertanen, auf ihren Höfen Bienen zu züchten. Er wollte, dass sie Honig und Met herstellten, einen Wein aus Honig, der schon in römischer Zeit bekannt war. Damals war er eines der beliebtesten Getränke.

Dank der ausdauernden Arbeit von Mönchen wurden Abteien und Klöster zu den idealen Orten, um neue Techniken des Bienenzüchtens auszuprobieren.

HONIG IN DER ARABISCHEN WELT

Die islamische Welt hielt Honig für ein göttliches Nahrungsmittel. Interessanterweise stammen die typischen Desserts in Nordeuropa, die mit Gewürzen und Honig zubereitet werden, ursprünglich aus dem Nahen Osten. Es sind die Rezepte, die die Kreuzritter aus dem Heiligen Land mitbrachten.

HONIG IN DER RENAISSANCE

In der Zeit der Renaissance hielt Honig unwiderruflich Einzug in die Küchen. Zubereitet wurden damit zur Freude der Gäste Speisen mit unvergleichlichem Geschmack und außergewöhnlichen Farben. Am Ende dieser Periode begann die Tradition, ein Menü mit einem Dessert abzuschließen, wie es heute noch der Fall ist.

Reis- und Honigkuchen waren ein beliebter Nachtisch in der Renaissance.

Kastanienblüte

DER ZUCKER HÄLT EINZUG

Seit dem Jahr 1600 nahm der Anbau von Zuckerrohr auf tropischen Inseln und von Zuckerrüben in Europa immer mehr zu. Bald wurde Zucker beliebter als Honig.

Und dennoch wurde das Bienenzüchten nicht aufgegeben, im Gegenteil. Neue Erfindungen, wie eine Honigschleuder machten es möglich, Honig zu gewinnen, der reiner war und frei von anderen Stoffen und dennoch seinen Geschmack behielt.

Obwohl der Zucker auf den Markt kam, entwickelte sich die Bienenzucht weiter.

HONIG VON VERSCHIEDENEN BLÜTEN

Erst zu Beginn des letzten Jahrhunderts erkannte man, dass Sorte und Geschmack des Honigs von den unterschiedlichen Pflanzenarten bestimmt werden, von denen die Bienen Pollen sammeln. Daher begann man in den 1970er-Jahren damit, Honig herzustellen, der von nur einer Pflanzenart stammt (zum Beispiel Kastanienhonig, Lindenblütenhonig usw.) und deshalb spezielle Eigenschaften und einen besonderen Geschmack hat.

HONIG HEUTE

Heutzutage ist Honig als ein Lebensmittel bekannt, das gut für die Gesundheit, leicht zu verdauen und für ältere Menschen wie Kinder leicht bekömmlich ist. Daher wird sein Verzehr empfohlen.

16. BIENEN ALS SINNBILDER

Im Verlauf der Geschichte haben die verschiedenen Völker der Erde Tiere oft als Sinnbilder gesehen. Sie haben ihnen Eigenschaften und Züge von Menschen und ihren Göttern zugeschrieben. Die Bienen sind keine Ausnahme. Diesen kleinen Insekten wurden fast immer gute Eigenschafen nachgesagt: die Verkörperung von Fleiß und Teamgeist, ein Beispiel, von dem Menschen nur Gutes lernen können.

ALTES ÄGYPTEN: GÖTTLICHE WESEN

Im alten Ägypten hielt man die Bienen für göttliche Wesen, die aus einer Träne des Sonnengottes Ra entstanden sind. Sie wurden mit der Seele in Verbindung gebracht, man glaubte, sie könnten die Toten zum Leben erwecken, wenn sie in deren Mund flogen.

ALTES GRIECHENLAND: DIE FARBE GOLD

Im alten Griechenland erzählte man die Sage, Zeus sei als Kind mit einem besonderen Honig gefüttert worden, der von Bienen aus Kreta stammte. Als Dank verlieh ihnen der Göttervater, als er erwachsen war, ihre Farbe, die an glänzendes Gold erinnert.

Ra, der Sonnengott

Die Insel Kreta

ALTES ROM: HEILIGE BOTEN

Im alten Rom hielt man Bienen für die Boten des Gottes Jupiter, der sie auf die Erde schickte, um die Gebete der Menschen zu den Göttern zu tragen.

Sie wurden auch für die Überbringer göttlichen Wissens gehalten. Wurde ein Baby in seiner Krippe von Bienen besucht, hieß es, das Baby werde später ein berühmter Redner. So wie es der Legende nach dem griechischen Philosophen Plato und dem römischen Dichter Vergil geschehen war.

Für die alten Römer waren Bienen Überbringer von Prophezeiungen und Botschaften der Götter.

Griechen und Römer glaubten, dass Bienen aus der Haut von Tieren stammten, die für einen Gott geopfert worden waren. Daher symbolisierten Bienen für sie die Unsterblichkeit der Seele. Darüber hinaus war es gängiger Glaube, dass ein Toter, der ein ehrliches Leben geführt hatte, in Gestalt einer Biene zurück auf die Erde käme.

Für Griechen und Römer repräsentie-ten Bienen die Unsterblichkeit der Seele.

DIE RELIGIÖSE DEUTUNG IM CHRISTENTUM

Das Christentum hat viele der Eigenschaften, die den Bienen zugeschrieben wurden, übernommen: Man hielt sie für frei von Lastern, besonders fleißig, rein, keusch und weise.

Einer Legende nach geschah der Heiligen Rita von Cascia etwas Außergewöhnliches, als sie ein Baby war. Während sie in ihrem Körbchen schlief, das auf dem Boden stand, setzte sich ein Bienenschwarm auf ihr Gesicht, ohne ihr das Geringste zu tun. Ihre Eltern deuteten dies als ein Zeichen Gottes, das die Berühmtheit ihrer Tochter vorhersagte.

Der Heilige Ambrosius wendete das Modell des Bienenstocks auf die Struktur der Kirche an. In ihr finden die Gläubigen (wie die Bienen) Unterschlupf, Schutz, Nahrung, Hilfe und Ruhe. Der Glaube, dass Bienen sich nur vom Duft der Blüten ernähren, führte dazu, dass der Heilige Bernhard von Clairvaux in ihnen ein Symbol großer Reinheit und daher die Verkörperung des Heiligen Geistes sah.

Im Gegensatz zur Biene, dem Symbol der Göttlichkeit, wurde die Fliege als dämonisches Tier mit den schlimmsten Übeln in Verbindung gebracht.

JUDENTUM

Auch andere Religionen schrieben den Bienen positive Sinnbilder zu. Im jüdischen Glauben zum Beispiel werden sie mit Sprache in Verbindung gebracht und symbolisieren daher Sprachgewandtheit und Intelligenz. Auch stehen sie für das Denken, die Eigenschaft, die den Menschen vom Tier unterscheidet und ihn näher zu Gott bringt.

Von den unterschiedlichen Produkten der Bienen wurde das Wachs hoch geschätzt, um damit Kerzen herzustellen und sie Gott zu weihen. Und schließlich beschreibt die jüdische Lehre das Heilige Land als ein Paradies auf Erden, in dem Milch und Honig fließen.

ISLAM

Wie bei anderen Kulturen und Religionen, so ist die Biene auch im Islam ein Symbol für Beharrlichkeit und Intelligenz, aber auch für Anmut, Weiblichkeit sowie Großzügigkeit, weil sie den Menschen Honig schenkt. Für die Gläubigen im Islam verlässt die Seele den Körper in Form einer Biene und fliegt 40 Jahre lang in Kreisen um das Grab des Verstorbenen. Erst dann findet sie einen Platz im Himmel.

BIENEN UND KÖNIGE

Bienen und Bienenstöcke sind ein Beispiel für Rechtschaffenheit, auch auf politischem Gebiet. Viele Königreiche machten sie zu ihrem Symbol, wie um die große Ähnlichkeit zwischen den beiden Gesellschaften aufzuzeigen. So wie im Bienenstock nur eine regiert, die Bienenkönigin, und das Schicksal aller anderen von ihr abhängt, so sollte es auch im idealen Staat sein, der von einem König, Kaiser oder Papst regiert wird.

Aus diesem Grund haben viele Königsfamilien Bienen in ihr Familienwappen aufgenommen.

Der französische Kaiser Napoleon machte Bienen zu einem der Symbole seines Reiches.

17. DIE GROSSE BIENENFAMILIE

Ob gezüchtet oder wild, Einzelgänger oder in der Gemeinschaft, alle Bienen gehören derselben Familie an, den Apidae. Sie umfasst etwa 20.000 Arten. Von allen diesen Arten leben nur etwa 5 % in einer Gemeinschaft, 95 % sind Bienen, die als Einzelgänger leben.

5% SIND SOZIALE BIENEN

1 2 Unter den zusammenlebenden Bienen gibt es neben den bekannten Honigbienen die Hummeln (*Bombus*), leicht zu erkennen an ihrem runden und pelzigen Körper. Hummeln bilden kleine Staaten von durchschnittlich zwischen 50 und 300 Tieren. Diese Gemeinschaften bestehen nicht lange, meist nur eine Saison lang.

3 Einige Arten der Familie der Apidae sind mit einem Stachel und Gift ausgestattet, anderen fehlt beides völlig oder sie haben einen sehr kleinen Stachel, den sie nicht benutzen können.

Zum Beispiel die Meliponini: Es sind tropische Bienen, die ein soziales Verhalten zeigen und ebenfalls für die Honigherstellung gezüchtet werden. Sie haben keinen Stachel, sondern verteidigen sich durch Beißen.

DIE GROSSE FAMILIE DER APIDAE UMFASST 20.000 ARTEN

4 Bei den Solitärbienen muss jedes Weibchen alleine für seine Brut sorgen und für jedes Ei ein Nest bauen. Einige Arten, wie die Kuckucksbiene (*Nomadinae*), benutzen die Nester von anderen Apidae, genau wie der Vogel, der seine Eier in fremde Nester legt. So haben sie keine Arbeit damit, eigene Nester zu bauen. Sobald sie ein unbewachtes Nest gefunden haben, legen sie ein Ei hinein, sodass die Larve Schutz und Nahrung hat. Sobald sie ausgeschlüpft ist, verjagt sie die anderen und bewohnt das Nest alleine.

5 Die Orchideen- oder Prachtbienen (*Euglossini*) sind weniger bekannt. Sie haben eine charakteristische metallische Färbung. Die Männchen sammeln Duftstoffe, von Blüten, die sie anziehend für weibliche Bienen machen. Durch dieses Verhalten sind sie für die Bestäubung sehr nützlich, vor allem bei Orchideen. Obwohl sie Solitärbienen sind – also nicht in Kolonien leben –, gibt es eine Zusammenarbeit unter den Weibchen, die ihre Nester nebeneinander in einem Baumstumpf oder zwischen den Ästen eines Baumes bauen.

95% SIND SOLITÄRBIENEN

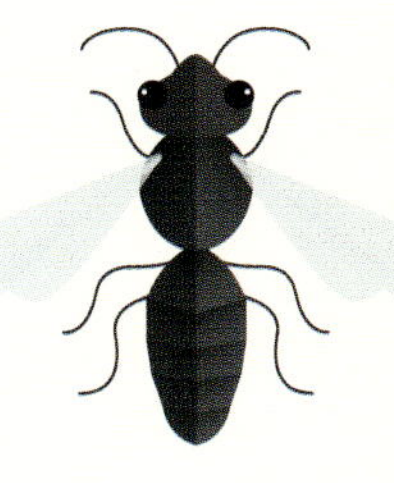

6 Zu den geschickteren Nestbauern gehören die Holzbienen (*Xylocopini*) mit ihrem großen und glänzend schwarzen Körper.

7 Die Blattschneiderbienen (*Megachillidae*) beißen kreisrunde Stücke aus Blättern und Blüten und polstern damit das Nest aus, in das die Eier gelegt werden.

8 Die Furchenbienen (*Halictidae*) sind ein bisschen eigenartig, aber nicht weniger interessant. Sie fühlen sich von Schweißgeruch besonders angezogen.

18. VERSCHWINDEN DIE BIENEN?

In den letzten Jahren wurde ein besorgniserregendes Phänomen beobachtet, das sich offenbar kaum noch aufhalten lässt. Die Anzahl der Bienen, vor allem Honigbienen, nimmt weltweit ab. Nach Angaben der Umweltschutzorganisation GREENPEACE ist die Anzahl in Europa in den letzten Jahren um 53 % zurückgegangen. Bienenzüchter in einigen Teilen der USA berichten, dass der Rückgang in nur einem Jahr 90 % erreicht hat! Grund genug, die Alarmglocken zu läuten.

SCHADEN FÜR DIE LANDWIRTSCHAFT

Wie jeder weiß, sind Bienen sehr nützliche Insekten, nicht nur, weil sie Honig produzieren, sondern auch, weil sie die Blüten bestäuben. Mit dem Rückgang der Bienen geht der Ernteertrag der Bauern zurück und der wirtschaftliche Schaden für sie ist enorm. Tatsache ist, dass von den 100 Pflanzenarten, die 90 % der Weltbevölkerung als Nahrung dienen, 75 % von Bienen bestäubt werden.

DER PLANET VERKÜMMERT

Dazu kommt, dass Tausende von Wildblumen unweigerlich verschwinden werden. Viele halten dies für ein katastrophales Zeichen dafür, dass die Biodiversität auf der Erde, also die Vielfalt der Pflanzen, in Gefahr ist. Das bedeutet einen unvorstellbaren Schaden für das gesamte Leben auf der Erde.

WAS WISSEN WIR?

Das Problem ist sehr ernst. Daher sind Wissenschaftler fieberhaft auf der Suche nach den Gründen dafür und versuchen, eine Lösung zu finden.

Das Phänomen des Bienensterbens wird als Colony Collaps Disorder (CCD) bezeichnet.

Was ist bisher bekannt? Was sind die Gründe dafür? Zurzeit kann man nur Vermutungen anstellen.

19. WAS WIRKLICH GESCHIEHT

MANGEL- UND UNTERERNÄHRUNG

In Gebieten mit Monokulturanbau, also, wenn auf weiten Flächen überwiegend eine Sorte Getreide angebaut wird, ist für Bienen auch nur eine Sorte Nektar vorhanden. Das bedeutet für sie eine mangelhafte und nicht ausgewogene Ernährung und macht sie anfälliger für Krankheiten.

INSEKTIZIDE UND PESTIZIDE

Insektizide, wie zum Beispiel Neonicotinoide und giftige Substanzen, werden in der Landwirtschaft eingesetzt. Vor allem der gesteigerte Einsatz in der Intensivlandwirtschaft bedroht das Leben der Bienen. Oder er verunreinigt die Pollen, die die Bienen sammeln und in ihren Stock tragen.

EPIDEMIEN

Zusätzlich haben sich Parasiten stark ausgebreitet, wie etwa die Varroamilbe. Sie kam in den 1980er-Jahren aus Asien nach Europa und lebt vom Blut der Bienen. Damit schwächt sie deren Immunsystem. Ein Bienenstock, der von Varroamilben befallen ist, stirbt in kürzester Zeit.

ZUNAHME DES GETREIDEANBAUS

Sie führt notwendigerweise zu einem Rückgang oder der Zerstückelung von natürlichen bzw. halbnatürlichen Ökosystemen, wie Wäldern, Hecken und Wiesen. Die aber stellen eine wichtige Nektarquelle für Bienen dar.

WAS KÖNNEN WIR TUN?

Um dieses Phänomen zu stoppen, bevor es zu spät ist, ist es notwendig, dass alle Länder dieser Erde gemeinsam eine Vereinbarung treffen. Darin müssen sie Vorkehrungen treffen, um die natürlichen Lebensräume zu erhalten. Sie müssen die Anwendung von Pestiziden in der Landwirtschaft einschränken und die giftigsten verbieten. Außerdem müssen die wissenschaftlichen Untersuchungen zur Erforschung des Bienensterbens unterstützt werden.

Und jeder Einzelne von uns kann etwas tun, um zu helfen, die Bienen zu retten. Lasst uns auf unseren Balkonen nahrhafte und besonders schmackhafte Blumen für diese nützlichen Insekten anpflanzen.

ELEKTROMAGNETISCHE FELDER

Nach Erkenntnissen von deutschen Forschern beeinträchtigen die elektromagnetischen Wellen von Mobiltelefonen die Fähigkeit der Bienen, das Magnetfeld der Erde zu erkennen. Damit verlieren sie ihren Orientierungssinn.

KLIMAWANDEL

Das bedeutet, dass sich nach und nach das Wetter so verändert, dass es längere Trocken- und kürzere Regenperioden geben wird.
In beiden Fällen sinkt die Zahl der Tage, an denen Bienen Pollen und Nektar sammeln können. So wird die Natur überall weniger bienenfreundlich.

BIENENARTEN, DIE IN DIESEM BUCH VORKOMMEN

HONIGBIENE

ORCHIDEENBIENE

GROSSE BLAUE HOLZBIENE

MELIPONINI

FURCHENBIENE

HOLZBIENE

SANDBIENE

HUMMEL

HOLZBIENE

BLATTSCHNEIDERBIENE

Cristina Banfi

Nach ihrem Abschluss in Naturwissenschaften an der Universität Mailand unterrichtete sie an verschiedenen Schulen. Sie ist Gründungsmitglied der Associazione Didattica Museale (ADM) und ADMaiora, beides Organisationen, die in Museen Kunsterziehung und bei Ausstellungen didaktische Begleitung anbieten. Seit mehr als 20 Jahren arbeitet sie auf dem Gebiet der spielerischen Vermittlung von Wissen und hat hierzu bereits mehrere Bücher, vor allem für Kinder und Jugendliche, veröffentlicht, sowohl für den schulischen als auch den Alltagsgebrauch. In den letzten Jahren sind einige Bücher von ihr in der Reihe White Star Kids erschienen.

Die Organisation für Kunstunterricht in Museen (Associazione Didattica Museale)

Sie wurde 1994 gegründet und ist nun seit über 20 Jahren auf dem Gebiet der Bildung tätig; sie kümmert sich um die Bildungsaufgaben von wichtigen Museen, wie das Naturhistorische Stadtmuseum in Mailand, Genua, Novara und Triest. Außerdem ist sie am Unterricht in öffentlichen wie privaten Naturschutzgebieten und Naturparks beteiligt.

Giulia De Amicis

Geboren 1986 in Mailand, begann sie nach ihrem Masterabschluss in Design als Informationsdesignerin und Illustratorin für kleine Studios, Zeitungen und Umweltschutzorganisationen zu arbeiten. Sie hat in Italien, Spanien, Indien und Griechenland studiert und gelebt. Zurzeit lebt und arbeitet sie in Brighton, England. In den letzten Jahren sind verschiedene Bücher von ihr bei White Star Kids erschienen.

Grafikdesign

Valentina Figus

White Star Kids® ist eine eingetragene Marke von White Star s.r.l.

Piazzale Luigi Cadorna, 6 - 20123 Mailand, Italien
www.whitestar.it

Übersetzung: Sylvia Winnewisser, Wiesbaden, Deutschland

ISBN 978-88-6312-381-4
2 3 4 5 6 23 22 21 20 19

Gedruckt in China